빛으로 세상을 다스리다

신라

건국신화

한겨레 옛이야기 · 33
신라 건국신화

ⓒ 조현설, 편형규 2009

초판 1쇄 발행 2009년 9월 9일 | 5쇄 발행 2023년 5월 4일

글쓴이 조현설 | 그린이 편형규 | 펴낸이 이상훈 | 편집 한겨레아이들
디자인 달·리 크리에이티브 | 마케팅 김한성 조재성 박신영 김효진 김애린 오민정

펴낸곳 ㈜한겨레엔 www.hanibook.co.kr | 주소 서울시 마포구 창전로 70 (신수동) 화수목빌딩 5층
전화 02-6383-1602~3 | 팩스 02-6383-1610 | 출판등록 2006년 1월 4일 제313-2006-00003호

ISBN 979-11-6040-997-0 73810
ISBN 978-89-8431-344-6 (세트)

· 값은 뒤표지에 있습니다.
· 이 책의 일부 또는 전부를 재사용하려면 반드시 저작권자와 ㈜한겨레엔 양측의 동의를 얻어야 합니다.
· KC마크는 이 제품이 공통안전기준에 적합하였음을 의미합니다.
⚠ 책 모서리에 다치지 않게 주의하세요.

빛으로 세상을 다스리다

신라

건국신화

조현설 글 · 편형규 그림

한겨레아이들

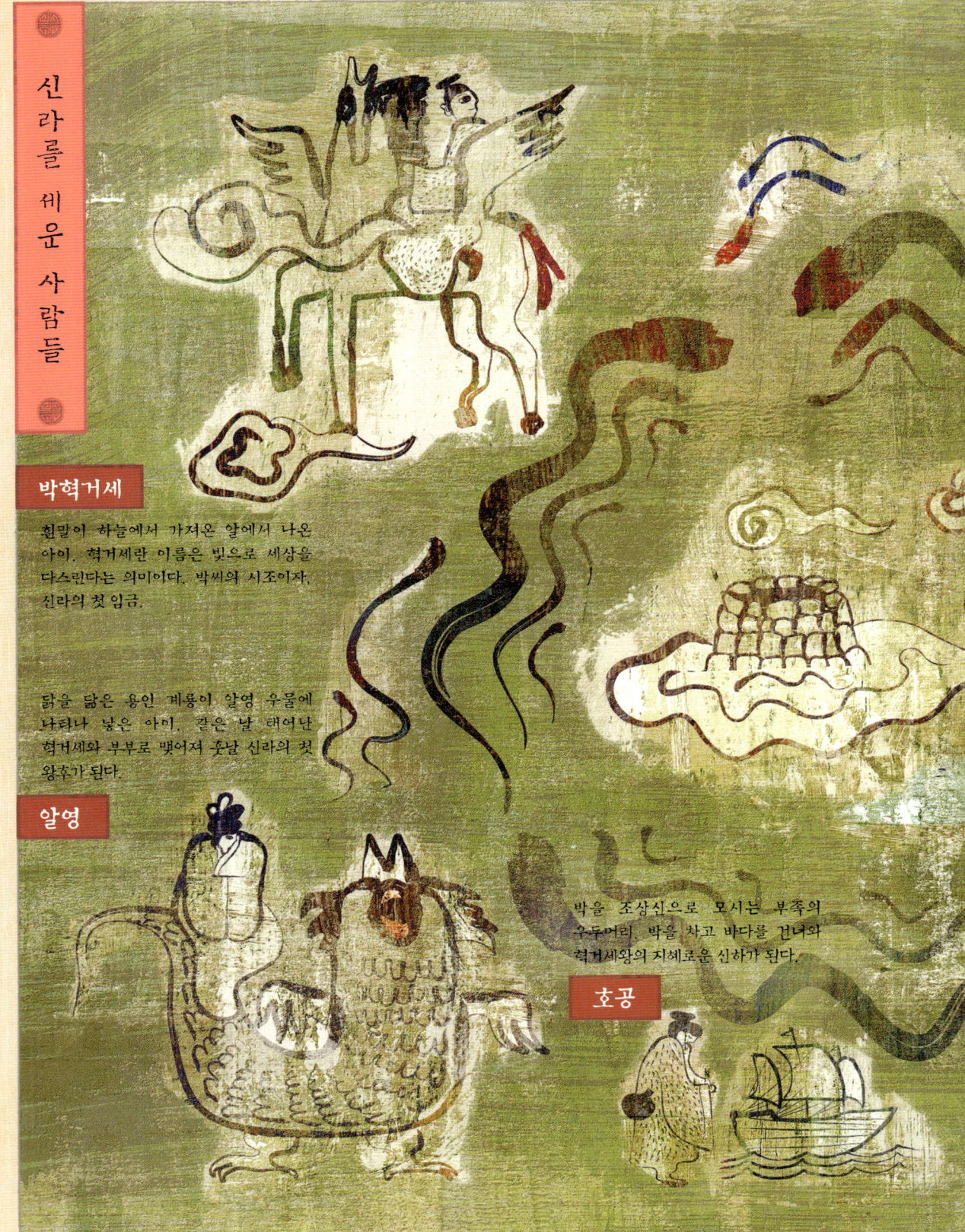

신라를 세운 사람들

박혁거세
흰말이 하늘에서 가져온 알에서 나온 아이. 혁거세란 이름은 빛으로 세상을 다스린다는 의미이다. 박씨의 시조이자, 신라의 첫 임금.

닭을 닮은 용인 계룡이 알영 우물에 나타나 낳은 아이. 같은 날 태어난 혁거세와 부부로 맺어져 훗날 신라의 첫 왕후가 된다.

알영

박을 조상신으로 모시는 부족의 우두머리. 박을 차고 바다를 건너와 혁거세왕의 지혜로운 신하가 된다.

호공

김알지

금궤에서 태어난 아이로 김씨의 시조이다. 이후 알지의 6대손인 미추가 신라의 열세 번째 왕이 된다.

석탈해

붉은 용이 호위하는 배 안의 궤짝에서 나온 탈해는 신라로 건너와 남해왕의 사위가 된다. 신라의 네 번째 왕이며, 석씨의 시조.

차례

계림에서 들려온 이상한 소리	8
알영 우물가에 나타난 계룡	22
사로국의 첫 임금 박혁거세	33
허리에 박을 차고 온 사람들	44
혁거세왕의 승천과 큰 뱀	57
바다를 건너와 왕이 된 석탈해	71
알에서 나온 김알지, 동악신이 된 석탈해	88
해설_세 성씨가 세운 나라	99

계림에서 들려온 이상한 소리

 3월 초하룻날이었습니다. 산과 들에는 진달래가 만발하고 알천의 물 위로는 봄 햇살이 부서지고 있었지요. 멀리 남산에는 일하는 사람들의 노랫소리와 새소리가 어울려 울려 퍼지고 있었고요.
 그런데 무슨 일인지 아침부터 알천 물가로 사람들이 모여들었습니다. 알천 근처에는 양산촌이라는 마을이 있었는데 이씨들이 모여 사는 곳이었어요. 마을 촌장은 알평이라는 분이었고요. 양산촌에는 사람들이 모여서 제사도 지내고 축제도 벌이는 넓은 마당이 있었어요. 이 마당으로 다른 마을 사람들이 여기저기서 모여들고 있었던 것이지요.

이때 양산촌 주변에는 성이 다른 다섯 마을이 있었습니다. 돌산의 고허촌, 두산의 대수촌, 취산의 진지촌, 금산의 가리촌, 명활산의 고야촌이었어요. 고허촌 사람들은 정씨, 대수촌 사람들은 손씨, 진지촌 사람들은 최씨, 가리촌 사람들은 배씨, 고야촌 사람들은 설씨라는 성을 나중에 갖게 되지요. 이 마을의 촌장들이 저마다 아들들을 거느리고 회의를 하려고 모여든 것입니다.

양산촌 촌장 알평이 먼저 입을 열었습니다.

"우리들이 서로 어울려 산 지 오랜 세월이 흘렀소이다. 처음에는 작은 마을이었는데 후손들이 점점 늘어나 마을의 크기도 서로 닿을 정도로 커졌지요. 그러다 보니 땅이나 물을 차지하려고 싸우는 일도 잦아졌소이다."

알평의 말에 다른 마을 촌장들도 고개를 끄덕였습니다. 모두 알고 있던 문제였기 때문이지요. 알평은 말을 이어 갔습니다.

"뿐만 아니지요. 우리 마을 자손들 가운데는 촌장인 저의 말을 잘 듣지 않고 제멋대로 사는 이들도 있소이다. 다들 열심히 일하는데

놀기나 하는 사람들이 있어요. 다른 마을도 마찬가지일 것이외다. 이런 문제를 어떻게 하면 좋을지 여러 촌장들의 의견을 듣고 싶소."

조용히 듣고 있던 고허촌 촌장 손별도리가 벌떡 일어섰습니다.

"내가 들자니 저 북쪽 산 너머에는 옛 조선의 백성들이 살고 있다고 하오. 우리 마을에 사냥꾼이 있는데 그 사람 말이 그 마을 사람들은 만나기만 하면 조선이라는 나라 이야기를 한다고 하오. 지금은 망해 뿔뿔이 흩어졌지만 몇 천 년 동안 조선의 백성으로 부강한 나라를 이루어 살았다는 것이오. 나 오늘 알평 촌장의 말을 들으니 저 북쪽에 있었다는 강대한 조선이라는 나라가 생각났소. 우리도 그처럼 나라를 세우는 것이 어떻겠소? 여섯 마을로 각기 떨어져 사는 것보다 함께 뭉치면 힘이 더 강해지지 않겠소?"

"내가 하려던 말이 바로 그 말이었소. 그게 오늘 여러분을 이 자리에 모신 뜻이기도 하오이다. 하늘이 내린 분, 덕망 있고 용감한 분을 임금으로 모시고 나라를 세운다면 서로 간의 다툼도 그치고 모두가 잘 살게 될 것이오이다. 다른 분들도 말씀해 보시지요."

알평의 말에 대수촌 촌장 구례마도, 진지촌 촌장 지백호도, 가리촌 촌장 지라도 박수를 치며 찬성했습니다. 그때 고야촌 촌장 호진이 입을 열었습니다.

"도읍을 열고 나라를 세우는 것에는 나도 찬성이오. 다만 한 가지 걱정되는 일이 있소이다. 알평 촌장께서 말씀하신 용감하고도 덕망 있는 분을 어떻게 찾는단 말이오? 여러분의 마을에는 그런 분이 있소이까?"

호진 촌장의 말에 들떴던 분위기가 갑자기 가라앉았습니다. 틀린 말이 아니기 때문이지요. 함께 있던 촌장의 자제들도 서로 쳐다보며 수군거리기 시작했습니다. 그때 다시 알평이 나섰습니다.

"호진 촌장의 말이 맞소이다. 마을마다 찾아다닐 수는 없는 노릇이지요. 우리 여섯 촌장들이 돌아가면서 임금을 하는 것도 옳은 일은 아니겠고요. 그래서 여러분에게 한 가지 제안을 하려고 하오. 이 자리에서 하늘의 뜻을 물어보는 제사를 드리는 것이 어떠하겠소? 모두가 뜻을 모아 빌면 하늘에서 우리에게 답을 주지 않겠소이까?"

"좋은 말씀이오. 나는 알평 촌장의 뜻을 따르겠소."

고야촌 호진 촌장이 말하자 다른 촌장들도 모두 한뜻이 되었습니다. 이때가 기원전 69년이었어요.

알천 언덕의 너른 마당에 제천단*이 세워졌습니다. 그사이 소식을 들은 백성들도 하나둘 제천단 주위로 모여들었어요. 어느새 마당에는 사람들로 가득 찼지요.

여섯 촌장들이 나란히 제천단 앞으로 나아갔습니다. 그 뒤로 촌장들의 뒤를 이을 아들들이 늘어섰고, 또 그 뒤로는 백성들이 줄지어 서 있었습니다. 백성들은 촌장들을 따라 제천단에 세 번 절을 올렸습니다.

모두 엎드린 가운데 양산촌 촌장 알평이 고개를 들어 하늘에 뜻을 고했습니다.

"하늘에 계신 하늘님이시여. 서로 조상이 다른 여섯 마을 백성들이 이제 뜻을 모아 한 나라를 열고자 하옵나이다. 나라를 열어 이 좋은 땅에서 평화롭게 살고자 하옵나이다. 하늘님, 저희에게 임금을 보내 주시옵소서. 덕이 드높고 용맹한 하늘 같은 임금을 보내 주시옵소서."

다른 촌장들도, 백성들도 같은 마음으로 하늘에 빌었습니다. 열 번 스무 번 쉬지 않고 제천단을 향하여 간절히 절을 올렸습니다.

그때 남쪽 하늘에 이상한 기운이 감돌았습니다. 하늘에서 번개처럼 밝은 빛이 내려오더니 양산 아래쪽으로 드리웠습니다. 눈 깜짝할

---

* 제천단 : 하늘에 제사를 지내기 위해 쌓아 놓은 단.

사이에 일어난 일이었지요. 멀리서 보니 빛은 양산 밑에 있는 나정이라는 곳을 비추는 듯했어요. 놀란 촌장들은 모두 나정으로 몰려갔습니다.

"하늘이 우리의 기원을 들어주신 게 아닐까?"

누군가 이런 말을 했지만 아무도 대답하지 않았습니다. 모두 마음속으로 같은 생각을 하고 있었기 때문에 대답할 필요가 없었지요.

나정에 다다른 촌장들은 깜짝 놀라 걸음을 멈추었습니다. 나정 곁에 처음 보는 흰말 한 마리가 서 있었으니까요. 촌장들이 조심스레 다가가자 말은 무릎을 꿇고 절하는 시늉을 했습니다. 마치 촌장들이 오기를 기다린 것처럼 말이지요.

촌장들이 더 가까이 다가서자 말은 다시 절을 하는 듯하더니 갑자기 머리를 들어 긴 울음소리를 뽑아냈어요. 그러더니 땅을 박차고 하늘로 날아올랐습니다. 촌장들은 놀란 가슴을 진정시키느라 바빴어요. 그때 누군가 말이 올라간 하늘을 향해 절을 하기 시작하자 모두들 따라 절을 했습니다. 뒤따라온 백성들도 마찬가지였어요.

잠시 뒤 정신을 차린 알평이 흰말이 서 있던 자리를 살폈습니다.

거기에는 놀랍게도 보랏빛이 감도는 큰 알이 하나 놓여 있었습니다. 알을 살핀 촌장들은 고개를 갸우뚱했어요. 보통 새알보다 훨씬 큰데다 아주 단단해 보였기 때문이지요. 도대체 왜 하늘로 올라간 흰말이 알을 가지고 왔을까? 모두들 궁금해했습니다.

그때 호기심 많은 아이처럼 알을 툭툭 두드리던 고야촌 호진 촌장이 놀란 듯 입을 열었습니다.

"아니, 무슨 소리가 들리는 것 같지 않소? 분명 알 속에서 소리가……."

그 말에 촌장들은 모두 알에 귀를 가져다 대었지요. 분명 알 속에서는 뭔가 움직이는 듯한 소리가 새어 나왔습니다. 병아리가 알을 깨려고 똑똑 쪼는 소리 같기도 했어요. 갓난아기가 우는 소리 같기도 했고요.

"이렇게 귀만 대고 있을 수는 없소이다. 이 안에 분명 하늘의 뜻이 있을 것이오. 이걸 열어 봅시다."

"옳은 말이오."

"그게 좋겠소."

알평 촌장의 말에 모두들 찬성했습니다.

숨소리조차 들리지 않을 정도로 조용한 가운데 알평이 나섰습

니다. 알평은 조심스레 알에 칼을 갖다 댔지요. 그렇지만 알은 생각보다 단단했어요. 알평은 조금 더 힘을 주어 알을 내리치기 시작했어요. 그러나 칼은 갑옷에 부딪힌 것처럼 번번이 튕겨져 나왔어요. 마치 '내 몸에 함부로 칼을 대지 말라'는 뜻 같았어요. 알평은 할 수 없이 칼을 던지면서 말했습니다.

"하늘이 정한 때를 기다리는 수밖에 없겠소이다."

"임금님을 보내 달라고 모두 함께 빌어 보는 것은 어떻겠소이까?"

호진 촌장의 말대로 촌장들은 알을 빙 둘러싸고 서서 허리를 굽히며 간절히 빌었지요.

얼마 지나지 않아 알에서 오색구름 같은 빛이 스며 나오더니 알을 감쌌습니다. 촌장들은 다들 놀라 흠칫 뒤로 물러났지요. 그때 갑자기 하늘에서 한 줄기 빛이 오색구름 속으로 내리꽂혔어요. 그와 동시에 '쩍' 하는 소리가 들렸습니다. 소리와 함께 눈 깜짝할 사이에 빛도 사라지고 오색구름도 걷혔습니다.

그 순간 촌장들의 두 눈이 휘둥그레졌습니다. 딱 벌어진 입도 다물지 못했고요. 잘생긴 사내아이가 생글생글 웃으며 알 속에서 걸어 나왔기 때문이지요.

사내아이는 "거서간, 거서간" 하는 이상한 소리를 내면서 신기하다는 듯이 촌장들의 얼굴을 쳐다보았어요. 그제야 정신을 차린 촌장들은 일제히 엎드려 아이에게 절을 했습니다.

"하늘이 보내신 분이 분명하오."

"그렇소이다. 우리가 기다리던 임금이 틀림없소."

절을 하던 알평 촌장이 중얼거리자 곁에 있던 호진 촌장이 말을 받았습니다. 다른 촌장들도 서로 고개를 끄덕였습니다.

촌장 일행은 아이를 비단으로 감싸 안고 동천으로 향했습니다. 동천은 동쪽 금학산 아래에 있는 물맛이 좋기로 유명한 샘물이었어요. 여섯 마을 사람들이 모두 이 물을 먹었고, 아기가 태어나면 몸을 씻기기도 했지요. 사람들은 동천 물로 씻겨 주면 아기가 병 없이 건강하게 자란다고 믿었습니다.

촌장들은 백성들이 지켜보는 가운데 알에서 나온 아이를 조심스레 씻겼습니다. 목욕을 마친 아이는 얼굴이 더 환해지고 온몸에서 빛이 났어요. 눈이 부실 정도였지요.

그때 또 이상한 일이 벌어졌습니다. 어디선가 까치와 종달새 같은 새들이 날아와 합창하듯 노래를 불렀고, 노루와 토끼, 호랑이와 곰 같은 짐승들도 몰려와 축하 공연을 하듯 춤을 추었어요. 천지가

진동하듯 하늘에서는 아름다운 소리가 들렸지요. 서녘에 머문 해도 더 붉게 빛났고, 동녘에 돋는 달도 더 환하게 세상을 비추었어요. 알에서 나온 아이는 하늘이 보낸 아이라는 게 해와 달처럼 분명해졌습니다.

촌장들은 아이의 이름을 혁거세로 지었습니다. '빛으로 세상을 다스린다'는 뜻이었어요. 동천에서 아이를 씻길 때 벌어진 신기한 일을 생각하며 지은 이름이었어요. 햇빛처럼 밝게 나라를 다스려 달라는 소망을 담은 이름이기도 했지요.

혁거세에게는 다른 이름도 있었습니다. 혁거세가 알에서 처음 나왔을 때 '거서간'이라는 말을 했기 때문에 거서간이라고도 불렸지요. 촌장들은 이 말이 하늘에서 보낸 임금을 뜻한다고 생각했어요. 그래서 거서간은 나중에 임금을 가리키는 말이 되었지요.

알영 우물가에 나타난 계룡

 촌장들이 혁거세를 안고 동천으로 달려가고 있을 때 일어난 일입니다.
 멀리서 말 한 마리가 흙먼지를 일으키며 달려오더니 한 청년이 말에서 내렸습니다. 청년의 눈은 누군가를 찾고 있었지요. 그는 곧 사람들을 헤집고 고허촌 촌장 손벌도리 앞으로 달려가 한쪽 무릎을 꿇었습니다.

"촌장 어른, 빨리 마을로 돌아가셔야겠습니다. 마을에 계룡이 나타났습니다."

"무슨 말이냐? 자세히 좀 말해 보거라."

손벌도리 촌장이 독청을 높이자 청년은 다시 입을 열었습니다.

"알영 우물 앞에 갑자기 닭처럼 생긴 용이 나타나 울고 있습니다. 안 좋은 일이 생길까 싶어 모두 걱정하고 있습니다. 마을 어른들이 빨리 촌장님을 모셔 오라고 저를 보냈습니다."

놀란 손벌도리가 다른 촌장들을 돌아보며 말했습니다.

"모두들 들으셨소이까? 어허! 이렇게 상서로운* 날에 이런 불길한 일이 생기다니……. 아무래도 마을로 돌아가야겠소이다."

"반드시 나쁜 일이라고 볼 수는 없지요. 용은 좋은 소식을 전하기도 하니까요."

대수촌 촌장 구례마가 한마디 거들었습니다.

"구례마 촌장의 말도 일리가 있어요. 고허촌에서 일어난 일이니까 촌장께서 먼저 가 보시지요. 우리는 아기를 씻기고 나서 따라가 보겠소이다."

* 상서롭다 : 복되고 길한 일이 일어날 조짐이 있다.

말에 오르는 손벌도리 촌장에게 알평 촌장이 말했습니다.

"알겠소. 무슨 일인지 알아보고 바로 소식을 전하겠소이다."

손벌도리 촌장은 말에 박차*를 가하며 돌산 고허촌으로 달려갔습니다.

알영 우물은 아리영 우물이라고도 불렀는데, 물맛이 좋아 고허촌 사람들이 모두 마시는 귀한 우물이었지요. 마을 사람들에게는 우물 안에 비치는 보름달을 떠먹으면 귀한 자식을 얻을 수 있다는 믿음이 있었어요. 그래서 보름날이면 마을의 젊은 아낙들이 앞다투어 모여들었지요. 아낙들이 달을 떠먹는 모습이 알을 떠먹는 모습과 비슷하다고 해서 우물 이름이 알영이 되었다고 마을 어른들은 이야기하곤 했습니다.

손벌도리 촌장이 알영 우물에 도착했을 때 우물은 마을 사람들에 둘러싸여 있었습니다. 마치 작은 우물을 큰 우물이 둘러싼 것 같았어요. 촌장이 말에서 내리자 사람들이 길을 열어 주었습니다. 이어 촌장의 눈앞에 놀라운 광경이 펼쳐졌습니다.

머리 쪽이 닭 볏처럼 툭 튀어나온 용이 마치 아기를 낳으려는 듯이

---

* 박차 : 말을 탈 때에 신는 구두의 뒤축에 달려 있는 물건. 톱니바퀴 모양으로 말의 배를 차서 빨리 달리게 한다.

옆으로 누워 신음 소리를 내고 있었어요. 촌장이 다가가자 계룡은 기다렸다는 듯 날개가 달린 왼쪽 앞발을 들어 올렸지요. 그러자 날개 아래 옆구리가 열리면서 어린아이가 머리를 내밀었어요.

"어, 어……."

"어, 저게 뭐야?"

마을 사람들은 입을 다물지 못했고, 촌장은 자기도 모르게 무릎을 꿇고 엎드렸습니다. 나정에서 본 아이의 모습이 홀연듯 머릿속을 스치고 지나갔기 때문이지요.

조금 뒤 손벌도리 촌장이 머리를 들었을 때 아기는 두 팔을 허우적거리며 안간힘을 쓰고 있었어요.

"어머나, 저걸 어째."

"누가 좀 받아 줘야지 않겠어요?"

사람들은 저마다 한마디씩 던졌어요. 하지만 누구도 선뜻 나서지 못했지요. 그때 손벌도리 촌장이 벌떡 일어나 아기에게 다가갔습니다. 계룡도 아기를 낳기 위해 마지막 힘을 쓰고 있었습니다.

촌장이 아기의 겨드랑이를 조심스레 잡자 두 다리가 계룡의 옆구리에서 쑥 빠져나왔습니다. 어느새 곁에 와 있던 촌장의 부인이

아기를 받아 천으로 감싸 안았어요. 아기는 울지도 않고 방긋방긋 웃고만 있었지요. 보들보들한 얼굴에 동그란 눈이 너무나 고왔습니다. 촌장이 부인에게 물었습니다.

"아이가 아들이오, 딸이오?"

촌장 부인이 웃으며 대답했습니다.

"아니, 뭘 보셨어요. 예쁜 딸이랍니다."

그 말에 주변에 둘러서 있던 마을 사람들이 모두 웃음을 터뜨렸습니다. 하지만 촌장은 아이의 입술이 이상한 것을 발견했습니다. 그래서 심각한 얼굴로 다시 입을 열었습니다.

"아이 얼굴이 이상하지 않소? 입술이 저게 뭐요? 닭의 부리처럼 튀어나오지 않았소."

손벌도리 촌장은 아이의 얼굴과 계룡의 모습을 번갈아 보았지요. 촌장 부인과 마을 사람들도 고개를 갸우뚱거리고 있었어요.

그때, 지친 듯 누워 있던 계룡이 몸을 일으켰습니다. 사람들은 놀라 뒤로 물러났습니다. 계룡은 몸을 한 번 떨더니 마치 아기에게 절을 하듯 아기 쪽을 향해 머리를 숙였지요. 그러더니 날개를 펴고 하늘을 향해 날아올랐습니다. 계룡은 '까~' 하는 소리를 내며 하늘을 한 바퀴 돌더니 서쪽으로 사라져 버렸습니다.

손벌도리 촌장은 이 아기가 특별한 아이라는 생각이 들었습니다. 나정에 나타난 아이와 어떤 관계가 있을 것 같은 느낌도 들었고요. 촌장은 나정으로 자신을 찾으러 온 청년을 다시 불렀습니다.

"갈돌아, 지금 바로 동천으로 달려가서 촌장님들을 모두 북천으로 모셔 오너라. 중요한 일이 생겼다고 전하여라. 서둘러라."

촌장의 명을 받은 갈돌은 바람처럼 말을 달렸습니다. 달려가는 갈돌의 뒷모습을 바라보던 촌장이 부인에게 말했지요.

"부인, 이제 이 귀한 아기를 모시고 북천으로 갑시다. 우리 마을의 풍습대로 아이를 북천 물에 씻겨야지요."

"당연히 그래야지요."

고허촌 사람들은 아기를 안은 촌장 부부를 따라 긴 행렬을 이루어 북천으로 향했습니다.

북천은 월성 북쪽에 있는 시냇물인데 고허촌 사람들이 아이를 낳으면 씻기는 물이었어요. 동천이 더 유명했지만 고허촌 사람들은 마을에서 가까운 북천을 이용하고는 했지요. 그렇게 하면 아이가 북천 시냇물처럼 오래오래 산다고 믿었기 때문입니다.

촌장은 부인의 품에서 아이를 받아 조심스레 몸을 감싼 천을 벗겼습니다. 그리고 시냇물을 한 움큼 떠서 낯을 씻기고 몸을 씻겼

지요. 물이 차가운지 아이는 흠칫 놀랐다가 다시 웃곤 했어요. 마지막으로 아이를 흐르는 북천 시냇물에 담갔다가 꺼내 하늘을 향해 높이 들었습니다. 아이의 건강과 장수를 비는 의식이었지요.

그런데 그때 신기한 일이 일어났어요. 닭의 부리 같던 입술이 툭 떨어진 것이지요. 부리는 시냇물을 따라 흘러가 버렸고, 아이의 얼굴은 더욱 곱고 환하게 빛이 났어요. 아이도 기쁜지 팔다리를 흔들며 생글생글 웃음꽃을 피웠습니다. 이 일이 있고 나서 사람들은 북천을 '떨어진내' 또는 '발천'이라고 불렀습니다. 부리가 떨어진 시냇물이라는 뜻이지요.

고허촌 사람들이 계룡이 낳은 아이와 더불어 즐거워하고 있을 때 멀리서 한 무리의 사람들이 다가오고 있었습니다. 알에서 나온 아이를 씻기러 동천으로 떠났던 알평 일행이었지요. 갈돌이 전한 소식을 들은 알평 일행은 발걸음을 재촉했습니다.

맨 먼저 말에서 내린 알평이 손벌도리 촌장에게 물었습니다.

"아니 계룡이 아이를 낳았다고요? 어떻게 그런 일이 있을 수 있소이까?"

"이 아이를 보시오. 계룡이 낳은 여자아이요."

알평은 손벌도리의 품에 안긴 아이의 모습을 유심히 살폈습니다.

손벌도리가 말을 이었습니다.

"더 신기한 일도 있소이다. 아이를 이 시냇물에 씻겼더니 처음에 부리처럼 뾰족하던 입술이 떨어져 나갔소이다. 하늘이 보낸 아이라는 징표가 아니겠소?"

알평은 고개를 끄덕이며 동천에서 일어났던 일을 손벌도리에게 이야기해 주었습니다. 알평의 이야기를 들은 손벌도리는 눈을 반짝이며 말했습니다.

"그렇다면 두 아이는 하늘이 우리에게 왕과 왕비로 보낸 것이 틀림없겠지요."

"내 생각도 그렇소. 같은 날 한 아이는 알에서 나왔고, 한 아이는 계룡이 낳았으니 말이오. 임금을 보내 달라고 빌었는데 하늘은 우리에게 왕비까지 보내 주셨소이다."

아이를 안고 있던 진지촌 촌장 지백호가 끼어들며 말했습니다.

"이걸 보시오. 두 아이가 서로를 보며 웃고 있지 않소. 천생연분이오."

지백호 촌장의 말대로 두 아이는 서로를 알아보는 것 같았어요. 두 팔을 휘저으며 서로 손을 잡기도 했어요. 천진난만하게 웃고 있는 두 아이의 얼굴에 해거름 햇살이 부서지고 있었습니다.

"아참, 아이의 이름은 지었소이까?"

알평이 갑자기 생각난 듯 손벌도리에게 물었습니다.

"미처 그럴 겨를이 없었소이다. 사내아이의 이름은 지었소이까?"

"혁거세라 했소. 아까 이야기했듯 해와 달처럼 세상을 환하게 만들라는 뜻이라오."

알평의 말을 듣고 잠시 생각하던 손벌도리가 말했습니다.

"알영 우물 곁에서 태어났으니 알영이라 하면 좋겠소이다. 우리 마을에서는 보통 그렇게 이름을 짓는다오."

"알영, 좋은 이름이오. 알영과 혁거세, 잘 어울리는 이름 같지 않소이까? 허허허."

지백호 촌장이 호탕하게 웃었습니다. 다른 촌장들도 잘 어울리는 이름이라며 박수를 쳤지요. 새 나라를 이끌 왕과 왕비를 얻은 촌장들과 마을 사람들을 응원하듯 붉은 해가 산마루에 걸려 빛나고 있었습니다.

사로국의 첫 임금 박혁거세

 여섯 마을 촌장들은 다음 날부터 두 아이를 모실 궁궐을 짓기 시작했습니다. 나정에서 가까운 남산 서쪽 기슭에 터를 잡았지요. 여섯 마을 사람들이 모두 나와 함께 터를 닦고 성을 쌓고 궁궐을 지었습니다. 덕분에 한 해가 못 되어 궁궐이 모습을 갖추게 되었습니다.
 그동안 두 성인은 알평 촌장의 집에서 지냈습니다. 촌장들은 두

아이를 하늘이 보낸 성스러운 인물이라고 해서 성인으로 불렀지요.

궁궐이 어느 정도 모양을 갖추자 두 성인을 궁으로 모셨습니다. 그 뒤로는 여섯 마을 촌장들이 돌아가면서 두 성인을 돌보았습니다. 한편으로는 나라를 세울 준비도 착착 해 나갔지요.

두 성인은 보통 아이들과 달랐습니다. 혁거세는 알에서 나오자마자 말을 했고 걸어 다녔지요. 알영도 계룡의 옆구리에서 나오고 난 며칠 뒤부터 말을 하고 걷기 시작했어요. 궁궐로 거처를 옮긴 뒤로는 촌장들에게 글을 배웠습니다. '하나를 들으면 열을 안다'라는 말이 꼭 들어맞았어요. 두 성인은 마치 달리기 시합을 하듯 빠른 속도로 글을 읽고 쓰고 짓게 되었습니다.

혁거세는 다섯 살이 되었을 때부터 천문을 익혔습니다. 천문이란 하늘의 별자리를 보고 한 해 농사가 풍년이 될지 흉년이 될지 점치거나, 나라나 고을에 전쟁이 날지 돌림병이 생길지를 점치는 것입니다. 때로는 한 사람의 운명을 점치기도 하고요. 그래서 천문을 아는 사람은 큰 존경을 받았지요.

"요즘 동쪽 하늘에 살별이 나타나고 있어요."

하루는 여섯 살인 혁거세가 가리촌 촌장 지라에게 말했습니다. 지라 촌장과 함께 혜성이라고도 하는 살별에 대해 공부하고 있던 때였지요.

"제가 못 본 걸 성인께서 봤단 말이오?"

"예, 며칠 전부터 나타났어요. 살별 주위에 붉은빛이 도는 것이 아무래도 내년에는 가뭄이 들 것 같아요."

그날 밤 지라 촌장은 혁거세가 이야기한 살별을 발견했습니다. 붉고 긴 꼬리를 가진 별이었지요. 살별은 혁거세의 말대로 좋지 않은 일이 일어날 징조였어요. 지라 촌장은 마음속으로 '우리 혁거세 성인께서 천문을 통달하셨네'라고 생각했습니다.

다음 날 회의 때 여러 촌장들은 그 이야기를 전해 들었습니다. 더 이상 가르칠 것이 없다는 지라 촌장의 말에 모두 고개를 끄덕였지요. 촌장들은 이날 회의에서 이제부터 혁거세에게 말타기와 활쏘기를 가르치기로 결정했어요. 나라를 지키기 위해서는 꼭 필요한 일이었으니까요.

여섯 살에 시작한 말타기와 활쏘기는 일고여덟 살이 되자 더이상 따라올 사람이 없었습니다. 특히 말을 타고 달리면서 하는 활쏘기에 뛰어났어요. 달리면서 활을 쏘아 백 보 앞에 있는 감을 꿰뚫을 수도 있었지요. 해마다 봄이 되면 여섯 마을 사람들이 함께 모여 사냥 대회를 했는데 혁거세 편이 늘 일등을 놓치지 않았어요. 그래서

혁거세를 서로 모셔 가려고 마을끼리 경쟁이 뜨거웠습니다.

혁거세가 말타기와 활쏘기를 배우는 동안, 알영은 길쌈*을 배웠습니다. 길쌈은 여섯 마을 여자들이 혼인을 하기 전에 모두 익히는 기술이었지요.

사냥 대회와 마찬가지로 가을이 되면 길쌈 대회가 열렸어요. 한가위를 한 달 앞두고 누가 길쌈을 많이 하는가를 겨뤘지요. 마을별로 겨루기도 하고, 여섯 마을을 둘로 나눠 편싸움을 하기도 했습니다. 한가위가 되면 진 쪽에서 술과 음식을 장만해 이긴 쪽을 대접하면서 즐기는 축제였지요.

그런데 알영이 길쌈을 배운 뒤로는 알영이 참여한 편이 늘 이기는 것이었어요. 알영이 길쌈을 잘하기도 했지만 알영이 참여한 편이 더 힘을 내서 길쌈을 하곤 했으니까요. 그래서 길쌈 대회가 시작되는 7월 보름 무렵이면 여섯 마을 여자들은 서로 알영 편이 되려고 경쟁하곤 했습니다.

혁거세와 알영이 커 가는 것을 보면서 여섯 마을 사람들은 '혁거세는 훌륭한 왕이 될 거야. 알영은 훌륭한 왕비가 될 거고'라며

---

* 길쌈 : 실을 내어 옷감을 짜는 모든 일.

입만 열면 두 사람을 칭찬했습니다. 아이들은 어른들의 말을 흉내 내어 노래를 지어 부르기도 했어요. 혁거세와 알영이 길을 나서면 졸졸 따라다니면서 이런 노래를 불렀지요.

  혁거세는 훌륭한 왕이 될 거야.
  알영은 훌륭한 왕비가 될 거야.
  혁거세는 우리나라 첫 왕이 될 거야.
  알영은 우리나라 첫 왕비가 될 거야.

 드디어 두 성인이 열세 살이 되었을 때 여섯 마을 촌장들은 혁거세를 왕으로 모시고 나라를 세웠습니다. 알영은 왕후가 되었고요. 하늘의 뜻이 이루어진 것입니다. 이때가 기원전 57년 4월이었습니다.
 여섯 촌장들은 혁거세를 모시면서 나라 이름을 사라국이라고 했습니다. 사로라고도 하고 서라벌이라고도 했는데 이는 서울이라는 뜻이었어요. 계림국이라고도 했는데 이는 혁거세가 알에서 나온 나정이 있는 곳을 계림이라고 불렀기 때문이지요. 신라라는 이름은 나중에 새로 고친 이름입니다.

나라 이름을 정하고 나서 임금의 성도 정했어요. 촌장들은 궁리 끝에 박씨를 성으로 삼아 박혁거세가 되었습니다. 혁거세가 알을 깨고 나왔는데 알이 박과 비슷하게 생겼기 때문이지요.

촌장들도 성을 정했습니다. 양산촌 알평은 이씨, 고허촌 손벌도리는 정씨, 대수촌 구례마는 손씨, 진지촌 지백호는 최씨, 가리촌 지라는 배씨, 고야촌 호진은 설씨로 지었습니다. 촌장들은 혁거세를 왕으로 세운 뒤 모두 그의 신하가 되어 함께 나랏일을 돌보았습니다.

어느 날 혁거세왕이 촌장들에게 물었습니다.
"촌장님들은 모두 하늘에서 내려왔다고 들었습니다."
갑작스런 질문에 촌장들이 머뭇거리자 왕이 다시 물었습니다.
"제가 나온 알도 흰말이 하늘에서 가져왔다고 하셨지요? 그럼 저도 하늘에서 왔다는 것인데, 그게 무슨 뜻인지 누가 좀 말씀해 보세요. 이알평 어른은 알고 계신지요?"
촌장들 가운데 제일 어른인 알평이 나섰습니다.
"저희 양산촌 이씨들은 선조가 표암봉으로 내려왔다고 이야기 하옵니다. 제가 듣기로는 고허촌 정씨들은 형산, 대수촌 손씨들은 개비산, 진지촌 최씨들은 화산, 가리촌 배씨들은 명활산, 고야촌 설씨들은 금강산으로 선조가 내려왔다고 하옵니다. 사실 저희 여섯 마을 백성들은 본래 옛 조선의 후손들이옵니다. 조선이 망한 뒤 남은 백성들이 뿔뿔이 흩어졌는데, 여섯 마을은 남쪽으로 내려와 이 지역에 자리를 잡은 것이옵니다. 그런데 대대로 전해 온 바에 따르면 조선을 세운 단군 임금은 하늘님의 아들인 환웅 천왕의 아들이라고 하옵니다. 이 환웅 천왕께서 땅에 내려올 때 여러 신들을 거느리고 태백산의 신성한 박달나무로 내려왔다고 하옵니다. 저희들의 선조가 산으로 내려온 것도 같은 뜻이라 생각되옵니다. 저희는 모두 단군 임금의 자손이라고 믿고 있으니까요."

이알평의 설명을 듣고 있던 촌장들은 모두 고개를 끄덕였습니다.

"그럼 우리 사로국 백성들이 모두 하늘님의 자손이란 뜻이군요."

"지당하신 말씀이옵니다."

혁거세왕의 말에 여섯 촌장들은 한목소리를 내며 엎드렸습니다.

"하늘님의 자손들이 편하게 살 수 있도록 제가 힘을 내야 되겠지요? 여러 어른들께서도 저를 힘껏 도와주십시오."

"온 힘을 다해 받들겠사옵니다."

촌장들은 또 다시 한목소리로 외쳤습니다.

허리에 박을 차고 온 사람들

 나라를 세운 지 몇 해 지나지 않은 어느 봄날, 조회를 하고 있을 때 전령*이 급한 소식을 가지고 도착했습니다.
 "남쪽 바닷가에 낯선 사람들이 배를 타고 나타났다고 하옵니다."
 전령의 보고를 들은 최지백호가 왕께 아뢰었습니다. 그때 최지

---

* 전령 : 명령을 전하는 사람.

백호는 군사에 관한 일을 맡아보고 있었습니다.

왕이 최지백호에게 재촉했습니다.

"낯선 사람들이라니? 자세히 말해 보시오."

신하들의 시선이 일제히 최지백호에게 모여들었습니다.

"전령의 보고에 따르면 그 사람들이 작은 배 여러 척에 나눠 타고 남쪽 바다를 건너왔는데 다들 허리에 큰 박을 차고 있었다 하옵니다."

"박이라니? 그 무슨 말이오?"

"우리 바닷가에 나타나 노략질*을 하는 해적들은 아니랍니까?"

이알평과 바지라가 답답하다는 듯 연달아 물었습니다.

"노략질을 한 것은 아니랍니다. 지금 우리 군졸들이 그들을 데려오고 있다니 기다려 보도록 하지요."

최지백호의 말을 들은 혁거세왕이 말했습니다.

"군사의 말이 옳소. 오늘 조회는 여기서 끝내겠소. 군사는 그들을 맞을 준비를 잘 하시오."

다음 날 오후 허리에 박을 찬 사람들이 서라벌에 도착했습니다.

---

* 노략질 : 떼를 지어 돌아다니며 사람을 해치거나 재물을 강제로 빼앗는 짓.

어린아이까지 해서 쉰 명쯤 되었지요. 사로국 사람들에 비해 키는 작았고 오랫동안 배를 타고 와서인지 얼굴은 구릿빛이었어요. 남자들은 머리에 수건을 쓰고 푸른빛이 도는 저고리에 짧은 바지를 입었고, 여자들은 머리를 틀어 올렸는데 짧은 바지는 남자들과 같고 저고리는 알록달록 화려했어요.

그런데 가장 이상한 것이 허리에 달린 커다란 박이었습니다. 구경 나온 사로국 사람들도 그것이 신기한지 가까이 다가가 툭툭 쳐 보기도 했어요. 사로국에는 그렇게 큰 박이 없었으니까요.

박을 찬 사람들이 도착했다는 소식을 들은 혁거세왕은 그들의 족장을 불렀습니다.

"당신들은 누구이며 어디서 왔소?"

"……."

왕의 물음에 좀 나이가 들어 보이는 사내는 아무 대답이 없었습니다. 말이 통하지 않았기 때문이지요. 왕이 다시 한번 묻자 그제야 사내는 뭔가 쓸 것을 달라는 시늉을 했습니다.

이알평이 급히 숯과 나무판을 가지고 왔습니다. 그때는 아직 종이와 붓을 쓰기 전이라 사로국에서는 숯으로 나무나 돌에 글씨를 쓰고 그림을 그렸어요.

숯을 받아 든 사내는 나무판 위에 그림을 그려 나갔습니다. 칼을 든 사람도 있고 연기가 피어오르는 모습도 있었어요. 배를 탄 사람도 보였고, 뒤집힌 배와 넘실대는 파도도 보였어요. 알아보기 힘든 표시도 있었고요. 그리기를 마친 사내는 도와 달라는 듯 간절한 눈빛을 보내며 나무판을 바쳤습니다.

이알평이 나무판을 받아 왕께 바치자 왕이 고개를 끄덕이며 말했습니다.

"이 사람들이 배를 타고 왔다고 했지요? 그림을 보니 이 사람들은 아마도 전쟁을 피해 배를 타고 도망친 모양입니다. 바다를 건너는 길에 풍랑으로 배가 뒤집혀 죽은 사람들도 있는 것 같고요. 허리에 있는 저 박은 아마도 몸이 물에 빠지지 않게 하기 위해 찬 것 같습니다. 알평 어른 생각은 어떠신지요?"

이알평 촌장이 환하게 웃으며 대답했습니다.

"과연 세상을 빛나게 할 거서간이시옵니다. 제 생각도 그렇사옵니다. 이 사람들은 전쟁을 피해 살 곳을 찾으려고 바다를 건너온 것이지 싸우러 온 것 같지는 않사옵니다. 우리 백성으로 받아들여 살 곳을 마련해 주면 거서간 님의 덕이 고을을 넘어 널리 퍼질 것이옵니다."

"옳은 말씀이세요. 저들에게 토함산 아래 살 터를 닦아 주고, 우선 먹을 것을 마련해 주십시오. 그리고 알평 어른께서는 저 사내를 마을 대표로 삼아 우리말이 통할 수 있게 잘 가르쳐 보십시오. 저 사내의 눈빛을 보니 참으로 총명한 것 같습니다."

혁거세왕은 바다를 건너온 사내에게 호공이라는 이름을 지어 주었습니다. 박을 허리에 차고 왔다고 해서 붙인 이름이지요. 혁거세왕은 호공과 일행들을 위해 토함산 아래 양지 바른 곳에 마을을 만들어 주었습니다.

10여 년이 흐른 뒤 호공은 혁거세왕의 신하가 되었습니다. 그 사이 호공은 사로국 말을 익혀 이야기를 나누는 데 막힘이 없었지요. 혁거세왕은 처음에는 호공에게 낮은 벼슬을 맡겼지만 점점 벼슬을 높였습니다. 호공 부족의 족장으로만 있기에는 너무 뛰어난 인물이었기 때문이지요.

말이 통하게 되자 호공은 혁거세왕에게 자신들의 이야기를 자세히 전했습니다. 정리하면 이런 이야기입니다.

우리는 저 남쪽 바다 건너에서 왔습니다. 우리가 살던 땅은 월이라고 불렸는데 앞에는 넓은 바다가 펼쳐져 있고, 뒤로는 높은 산이 솟아 있는 곳입니다. 어느 날 갑자기 북쪽에서 칼을 든 사람들이 쳐들어와 우리 땅을 차지하고, 우리 부족들을 죽였습니다. 우리는 어쩔 수 없이 배를 타고 그곳에서 도망칠 수밖에 없었습니다. 바람과 물결이 우리를 이 땅으로 데려다 주었습니다. 한 달 가까이 배를 타고 오는 동안 풍랑을 만나 절반에 가까운 가족과 형제들이 죽었습니다.

우리는 바다에 나갈 때 늘 허리에 박을 찹니다. 박은 물에 빠지지 않도록 해 줍니다. 우리 부족에게 박이 가장 소중한 것은 그 때문만이 아닙니다. 박은 바로 우리의 조상입니다.

옛날부터 전해 오는 이야기에 따르면 오래전 큰 홍수가 났을 때 땅 위에 사는 모든 사람들이 죽고 한 오누이만 살아남았다고 합니다. 이 오누이는 신을 잘 섬겨서 신으로부터 박씨를 선물 받았습니다. 그 박씨를 심은 뒤 홍수가 나자 박 속으로 들어가 살아남을 수 있었던 것입니다. 이 오누이가 결혼해 많은 후손들을 낳았는데 우리는 그분들의 자손입니다. 그래서 우리는 지금도 집집마다 조상박[*]을 모셔 놓고 제사를 지냅니다.

* 조상박 : 조상신의 얼굴이 그려진 박.

이야기를 들은 혁거세왕과 신하들은 박 이야기가 혁거세왕이 나온 알과 비슷하다는 생각을 했습니다. 왕의 성인 박도 알과 비슷하다고 해서 붙인 것이니까요. 그래서 혁거세왕은 호공과 그 부족 사람들을 더 친근하게 대해 주었지요. 그래서인지 사로국 백성들도 호공 부족을 깔보지 않았습니다.

혁거세왕이 왕위*에 오른 지 38년 되던 해 봄이었습니다. 그때 호공은 벼슬이 아주 높아져 사로국의 외무대신이 되어 있었습니다. 다른 나라와의 협상을 책임지는 인물이었지요.

그때 사로국 서쪽에 마한이라는 나라가 있었습니다. 사로국이 세워지기 전에 본디 서라벌 땅에 있던 여러 마을들을 아울러 진한이라 불렀지요. 그 당시에는 마한의 힘이 더 강했기 때문에 마한은 진한을 속국*으로 여겼어요. 그래서 진한 사람들은 마한의 요구에 따라 가끔 사신을 보내거나 선물을 보내기도 했지요.

그런데 사로국을 세우고 나서 혁거세왕은 마한에 사신을 보내지 않았어요. 사로국은 마한의 속국이 아니라고 생각했기 때문이지요.

* 왕위 : 왕의 자리.
* 속국 : 정치나 경제·군사 면에서 다른 나라에 지배되고 있는 나라.

그 일로 화가 난 마한 왕은 계속 사신을 보내고 선물을 바치라고 위협했어요. 이 문제를 해결하려고 혁거세왕은 호공을 마한으로 보냈습니다.

호공이 마한 왕 앞에 나가 절을 하자 왕은 대뜸 호공을 꾸짖었습니다.

"진한은 우리나라의 속국인데 왜 요즘은 조공*을 바치지 않소? 큰 나라를 섬기는 예절이 어찌 그 모양이오? 너는 참을 수 없다고 가서 전하시오."

호공은 치미는 화를 참으며 낮고도 힘 있는 목소리로 대답했습니다.

"옛 진한 땅에 두 분의 성인이 나타나시어 사로국이라는 새로운 나라가 세워졌습니다. 우리 혁거세왕의 덕으로 나라는 안정되고 기후는 조화를 이루어 창고가 가득 찼으며, 백성들은 공경과 겸양*을 아는 부강한 나라를 이루었습니다. 왕께서는 아직 그 소식을 모르셨습니까?

---

* 조공 : 속국이 지배하고 있는 나라에 때를 맞추어 바치던 예물.
* 겸양 : 겸손한 태도로 남에게 양보함.

지금은 진한의 옛 백성들뿐만 아니라 저 북쪽의 낙랑, 바다 건너 왜인에 이르기까지 우리 사로국을 두려워하고 있습니다. 그런데도 겸손하신 우리 왕께서는 저를 마한으로 보내 왕께 인사를 전하라고 하셨습니다. 우리 왕의 예절이 지나칠 정도인데 왕께서는 도리어 성을 내며 우리를 위협하고 있으니 그 이유가 무엇입니까?"

"뭐야? 무엄하도다. 저 자를 당장 감옥에 가두어라."

마한 왕은 버럭 화를 내며 자리를 박차고 일어났고, 호공은 군사들에게 끌려 나갔습니다. 내전*으로 돌아온 왕은 분을 풀지 못한 채 신하에게 물었습니다.

"사신으로 온 자는 누구요?"

"호공이라고 하는데 본래 왜인이라는 소문도 있사옵니다."

"당장 끌어내 참수*해 버리시오."

그러자 주저하던 신하가 조용히 말했습니다.

"마마, 사로국은 옛날 진한이 아니옵니다. 호공을 죽이면 전쟁을 피할 수 없을 것입니다. 지금 저희로서는 사로국을 이기기 어렵사옵니다. 사로국은 은근히 전쟁을 바라고 있을지도 모르

* 내전 : 궁궐 안에 임금이 거처하는 집.
* 참수 : 목을 베어 버리는 것.

옵니다."

"그럼 어쩌자는 말이오?"

"차라리 선물을 주어 돌려보내는 것이 나을 것이옵니다. 그것이 우리 백성을 편안하게 하는 길이라 생각되옵니다."

마한 왕은 한동안 눈을 감고 있었습니다. 화가 치미는 것을 누르면서 이런저런 궁리를 하고 있었어요. 하지만 다른 길이 보이지 않았습니다. 결국 마한 왕은 감옥에 갇혀 있던 호공의 귀국을 허락하고 말았습니다.

호공이 마한에서 선물을 안고 돌아오자 사로국은 잔치 분위기가 되었습니다. 이제 다시는 마한이 사로국 백성을 괴롭히는 일은 없을 테니까요. 여섯 촌장들이 혁거세를 받들어 사로국을 세운 뒤 하루하루 키워 온 힘이 인정을 받은 것입니다. 백성들은 만세를 불렀고 호공에 대한 혁거세왕의 신임은 더욱 깊어져 갔습니다.

혁거세왕의 승천*과 큰 뱀

박혁거세가 왕위에 오른 지 어느덧 60년이 되었습니다. 나라에는 전쟁이 없었고, 백성들은 별 근심 없이 살고 있었습니다.

그런데 그해 들어 나라 안에 이상한 일이 자주 일어나기 시작했습니다. 봄에는 남쪽 하늘에 혜성이 나타나더니 여름에는 일식이

*승천 : 하늘에 오름.

생겨 대낮에 깜깜해진 적도 있었어요. 어느 가을날에는 갑자기 용 두 마리가 금성 안의 우물 속에 나타나더니 한참을 울다가 사라졌습니다. 비도 자주 내리고 성의 남문이 벼락을 맞는 일도 일어났지요. 사람들은 나라에 큰일이 일어날 징조라며 걱정을 했습니다.

해가 바뀌어 봄이 오자 사방에는 새싹이 돋아났습니다. 혁거세왕은 이제 세상을 떠날 때가 되었다는 것을 알고 있었습니다. 지난해 우물 속에 나타난 용이 다름 아닌 자신과 왕비에게 소식을 알리러 온 하늘의 사자*라는 것도 알고 있었지요.

어느 날 혁거세왕은 조회가 끝난 뒤 가까운 신하들을 조용히 불렀습니다. 호공도 왕의 곁에 섰습니다.

"며칠 뒤 나는 여러분을 떠날 겁니다."

청천벽력* 같은 말에 신하들은 모두 깜짝 놀랐습니다.

"내가 여섯 마을 촌장들의 보살핌 속에 사로국을 세워 다스린 지 60여 년이 되었소. 오랜 세월이었지요. 그사이 알평 어른을 비롯한 촌장들은 모두 세상을 떠났지요. 나도 떠날 때가 되었소. 나를 이

---

*사자 : 명령이나 부탁을 받고 심부름하는 사람.
*청천벽력 : '맑게 갠 하늘에서 치는 벼락'으로 뜻밖의 큰 변을 이름.

땅에 보낸 하늘에서 부르고 있소이다. 지난해 우물에 나타났던 용들은 나와 왕비에게 그 소식을 전하러 온 것이었소.

내 아들 남해가 이미 장성해서 나라를 맡아 다스릴 만하오. 여러분들께서는 남해를 도와 우리 사로국을 더 좋은 나라로 만들어 주시오."

신하들은 왕을 붙잡고 싶었지만 그럴 수 없다는 것을 잘 알고 있었습니다. 하늘의 뜻이었으니까요. 신하들은 조용히 혁거세왕과 이별할 준비를 하였지요.

며칠 뒤 혁거세왕이 태어날 때처럼 나정에 한 줄기 빛이 내리비치고 있었지요. 나정 곁에는 어느새 내려왔는지 흰말이 서 있었습니다. 아기 혁거세를 담은 알을 가지고 왔던 바로 그 말이었어요.

멀리 궁궐에서 빛줄기를 본 혁거세왕은 흰옷을 입고 나정을 향해 걸음을 옮겼습니다. 뒤로는 나라 제사를 맡고 있던 아들 남해, 왕비 알영, 그리고 신하들이 따랐지요. 나정에 이르자 흰말이 왕을 향해 절을 하듯 고개를 끄떡였습니다. 왕은 알았다는 듯 훌쩍 말 위로 올랐습니다.

"자, 이제 나는 하늘로 돌아간다. 아들 남해야, 내 뒤를 이어 나라를 더욱 튼튼히 하여라."

"예, 명심하겠사옵니다."

남해가 대답하며 엎드리자 신하들도 따라서 엎드려 절을 올렸습니다. 순간 눈을 뜰 수 없을 정도로 빛이 환해지고, 음악 소리가 들리더니 잠시 뒤 잠잠해졌습니다. 그때서야 남해와 신하들은 고개를 들었지요. 나정 우물 주변에는 아무런 자취도 남아 있지 않았어요.

다음 날 태자 남해가 사로국의 두 번째 왕위에 올랐습니다. 그때가 서기 4년 봄이었어요. 왕위에 오른 남해는 부왕*의 뜻을 받들기 위해 나라 곳곳을 돌며 백성들을 살피기에 여념이 없었습니다. 그때 사로국은 새로 벼농사를 짓기 시작했고, 누에를 키워 깁*을 짜기 시작했어요. 남해는 농사를 짓는 곳을 일일이 찾아다니며 백성들을 위로했지요.

그러던 어느 날 이상한 일이 벌어졌어요. 혁거세왕이 승천한 지 이레째 되던 날이었지요. 그날도 남해왕은 몇몇 신하들과 명주실로 옷감을 짜는 곳을 돌아보고 있었어요. 그때 급히 말을 타고 달려온

*부왕 : 왕자나 공주가 자기의 아버지인 임금을 이르는 말
*깁 : 명주실로 바탕을 조금 거칠게 짠 비단.

전령이 왕 앞에 무릎을 꿇고 엎드렸습니다.

"마마, 큰일 났사옵니다."

"서둘지 말고 말해 보아라."

왕의 곁에 있던 호공이 낮은 목소리로 말했습니다.

"나정 우물에 다시 빛이 일어나 백성들이 달려가 보았더니 하늘에서 괴상한 것이 떨어져 내렸다고 하옵니다. 그런데 그것이 아무래도 승천하신 선왕*의 유해* 같다고 하옵니다."

"뭐라고?"

남해왕의 입에서 짧은 신음이 흘러나왔습니다.

왕과 신하들은 급히 나정을 향해 말을 달렸습니다. 왕은 몹시 불안했어요.

'천마를 타고 하늘로 올라가신 분이 돌아가셨단 말인가? 하늘에서 부왕을 받아들이지 않으신 것인가?'

온갖 의문이 꼬리를 물고 일어났지요.

'그것이 정말 선왕의 유해라면 하늘의 뜻은 어디에 있는 것일까?'

뒤따르던 호공도 이런 생각을 하다가 나정에 도착했습니다.

*선왕 : 선대의 왕. 이전 임금을 가리킴.
*유해 : 유골. 주검을 태우고 남은 뼈. 또는 무덤 속에서 나온 뼈.

나정에는 벌써 많은 백성들이 몰려와 수군거렸습니다. 군사들이 나정을 빙 둘러싸고 백성들이 가까이 오는 것을 막고 있었어요. 말에서 내려 달려간 남해왕의 눈앞에 놀라운 광경이 펼쳐졌어요. 부왕이 분명했는데 몸이 다섯 동강으로 나뉘어 머리와 팔 다리가 따로 떨어져 빛에 휩싸여 있었습니다. 왕은 자신도 모르게 무릎을 꿇고 머리를 조아렸습니다.

한참 뒤 머리를 든 남해왕은 신하들에게 경을 내렸습니다.

"어서 선왕의 유해를 모아 장례를 치를 채비를 하시오."

남해왕은 영문을 알 수는 없었지만 부왕의 유해를 버려두어서는 안 될 것 같은 생각이 들었지요. 왕의 명을 받은 신하들이 조심스레 유해를 한데 모으려고 다가갔어요. 그때 갑자기 뒤쪽에서 비명 소리가 들렸습니다.

"악, 뱀이다."

"위험해, 도망쳐!"

울타리처럼 둘러싸고 있던 사람들이 허둥지둥 사방으로 흩어졌어요. 군사들도 겁을 내며 뒤로 물러섰지요. 그 사이로 큰 뱀이 쏜살같이 기어 들어오더니 선왕의 유해를 둘러쌌어요. 마치 유해를 한데 모으지 말라는 신호 같았지요. 신하들은 흠칫 뒤로

물러났습니다.

"마마, 어찌하면 좋겠사옵니까?"

신하들이 왕에게 물었지만 왕은 대답할 말을 찾지 못했습니다. 하늘의 뜻을 아직 알 수가 없었으니까요. 그때 왕의 입을 바라보던 호공이 입을 열었습니다.

"소신의 생각으로 이는 하늘의 뜻이옵니다. 하늘이 선왕의 유해를 다시 땅으로 내려보내고, 또 큰 뱀을 보내 합장*을 방해하는 것은 합장하지 말고 각각 다섯 개의 무덤을 만들어 장례를 지내라는 뜻 같사옵니다."

"음, 실은 나도 그런 생각을 하고 있었소. 그럼 호공께서 책임을 지고 저 나정 북쪽에 다섯 개의 능을 만들도록 하시오."

"예, 성심을 다하겠사옵니다."

왕의 명을 받은 호공이 다시 몸을 돌려 유해를 보았을 때 큰 뱀은 이미 어디론가 자취를 감춘 뒤였습니다. 마치 왕의 명을 들은 것처럼 말이지요.

그날 밤 남해왕은 궁궐 안에 마련된 제천단에 나아가 조용히

---

* 합장 : 여러 사람의 시체를 한 무덤에 묻음. 여기에서는 다섯 동강으로 나뉜 유해를 한꺼번에 묻는 것을 말함.

제사를 올렸습니다. 부왕을 다시 땅으로 보낸 하늘의 뜻을 알기 위해서였지요. 향을 피우고 신들의 노래를 읊조리며 하늘님의 말을 듣기 위해 마음의 귀를 활짝 열었어요.

얼마나 지났을까, 누군가 부르는 소리에 놀란 왕은 고개를 들었습니다.

"남해야, 나의 자랑스러운 아들 남해야!"

아버지 혁거세왕이었습니다. 천마를 타고 떠날 때처럼 흰옷을 입고 왕관을 쓴 모습이었습니다.

"아바마마, 저는 아직도 잘 모르겠사옵니다. 왜 그런 모습으로 다시 땅에 내려오신 것이옵니까? 제가 다섯 능을 만들라고 한 것이 잘한 일이옵니까?"

남해왕은 답답한 듯 물었습니다.

혁거세왕은 웃음을 지으면서 천천히 이야기를 시작했지요.

"남해야, 놀랐을 것이다. 내가 그런 이상한 모습으로 하늘에서 떨어졌으니 말이다. 하지만 거기에는 하늘님의 깊은 뜻이 숨어 있다. 나는 승천한 뒤에도 네가 농사짓고, 누에 키우는 일에 관심을 갖고 온 나라를 돌며 애쓰는 것을 지켜보았다.

내가 왕위에 있을 때 농사일에 특별한 관심을 가지고 있었다는

걸 너도 잘 알 것이다. 여러 곡식의 종자를 심도록 한 덕분에 우리 사로국 백성들은 굶주리는 일이 없게 되었고, 우리나라는 바다 건너 왜나 이웃 마한이 넘보지 못할 정도로 튼튼해졌다. 그 때문에 하늘님께서 나를 다시 땅으로 보내신 것이다. 농사가 잘되도록 돌보는 농사 신이 되라고 말이야. 이제 하늘님의 뜻을 알겠느냐?"

"그래도 아바마마의 몸이 그렇게 동강이 나 떨어진 것은 이해가 되지 않사옵니다. 지금과 같은 모습으로 다시 오셨으면 제 마음이 얼마나 좋았겠사옵니까?"

"사실은 나도 동강이 난 내 몸이 보기 싫단다. 겁나기도 하고 말이다. 하지만 하늘님이 내 몸을 그렇게 나눠 보낸 것은 내 몸이 각각 다섯 곡식의 종자를 뜻하기 때문이다. 내가 오곡을 돌보는 신이란 뜻이지. 낮에 본 큰 뱀은 바로 농사 신인 나를 돕는 심부름꾼이다.

앞으로 다섯 능이 완성되면 능 앞에 큰 신당*을 짓고 해마다 정월 보름에 제사를 지내도록 하여라. 한 해의 농사가 풍년이 들도록 비는 제사 말이다. 그러면 내가 우리 사로국 백성들을 위해 온 힘을

---

* 신당 : 신령을 모셔 놓는 집.

다하겠노라."

"하늘님의 깊은 뜻을 잘 새기겠사옵니다. 해마다 제가 직접 오릉에 나가 제사를 올리도록 하겠사옵니다."

남해왕은 의문이 풀린 듯 밝은 목소리로 대답했습니다.

"그런데 남해야, 아직 한 가지 일이 더 남았구나. 내일 아침이면 네 어미 알영도 세상을 떠날 것이다."

"네?"

남해왕은 어머니마저 떠난다는 말에 깜짝 놀라 입을 다물지 못했습니다.

"놀랄 것 없다. 오는 때가 있으면 가는 때도 있는 것이 우주의 이치다. 네 어미의 유해도 나와 함께 오릉에 합장하도록 해라. 내 머리 쪽에 같이 묻으면 될 게다. 그러면 우리 부부가 함께 힘써 사로국을 도울 것이다."

"예, 두 분 마마의 귀한 뜻을 대대로 전하겠사옵니다."

남해왕은 슬픔을 억누르며 대답했습니다. 말 한마디 한마디에 결심이 단단하게 박혀 있었습니다.

이리하여 사로국을 세워 첫 왕이 된 혁거세와 왕비 알영은 사로국을 돕는 농사 신이 되었습니다. 해마다 정월 보름이면 오릉 앞에

온 나라 사람들이 모여 큰 제사를 올렸지요. 제사는 남해왕을 거쳐 노례왕으로 전해졌고, 그 뒤에도 대대로 이어져 신라의 풍습이 되었습니다.

바다를 건너와 왕이 된 석탈해

 남해왕이 사로국을 다스릴 무렵 마한과 사로국 사이에 가락국이라는 나라가 있었습니다. 수로왕이 다스리는 나라였어요. 전하는 이야기에 따르면 수로왕도 혁거세왕처럼 알에서 태어난 분이라고 하지요.

 그런데 어느 날 가락국 남쪽 바다에 낯선 배가 한 척 나타났습니다. 배의 모양도 휘날리는 깃발도 한 번도 본 적이 없는 배였지요.

가락국 백성들은 먼 나라에서 찾아온 손님이라 생각했어요. 그래서 신하와 백성들이 모두 바닷가에 나가 북을 치면서 소리를 질렀어요. 환영한다는 뜻이었지요.

그러자 낯선 배가 움직이기 시작했습니다. 하지만 배는 가락국으로 오지 않고 나는 듯이 동쪽으로 도망쳐 버렸지요. 가락국 사람들은 닭 쫓던 개 지붕 쳐다보듯 점점 멀어지는 배를 바라볼 수밖에 없었어요.

가락국 바다를 떠난 배는 동쪽으로 달려 계림국, 곧 사로국 동쪽 바닷가에 도착했습니다. 서지촌 아진포라는 마을에서 가까운 곳이었어요. 하지만 이번에도 배는 포구에 정박하지 않았습니다. 그저 멀찌감치 배를 세우고 머물러 있었습니다. 어딘가 안전하게 닻을 내릴 듯 보였어요.

아진포에는 아진의선이라는 할머니가 살고 있었습니다. 한데 이 할머니는 보통 할머니가 아니었어요. 혁거세왕 때 왕이 먹는 물고기나 조개 같은 해물을 구해 바치던 해녀였어요. 혁거세왕이 승천한 뒤로는 궁궐을 드나들지는 않고 혼자서 물질*을 하면서

---

* 물질 : 해녀들이 바닷속에 들어가 해산물을 따는 일.

살아가고 있었지요.

 낯선 배가 아진포에 나타났을 때 마침 아진의선 할머니는 조개를 캐러 바닷가에 나와 있었습니다. 그런데 멀리 이상한 것이 보이자 고개를 갸우뚱거리며 중얼거렸어요.

 '저 앞바다에는 원래 바위 같은 것이 없었는데 무슨 일이지? 까치들이 떼 지어 모여들어 울고 있네.'

 할머니는 너무 궁금해서 홀로 작은 배를 저어 까치들이 모인 곳으로 다가갔어요. 가까이 가 보니 까치들은 바위가 아니라 배 위에 모여 있었어요. 할머니는 까치들을 쫓고 배 위로 올라갔지요. 하지만 배 안에 사람은 없고 길이가 열두 자쯤 되고 너비는 열세 자쯤 되는 커다란 궤짝만 있었어요.

 할머니는 뭔가 심상찮은 기분이 들어 배를 포구 쪽으로 끌고 왔습니다. 그러고는 사람들을 불러 궤짝을 끌어 내렸어요. 억지로 열어 볼까 하다가 나쁜 일이 일어날까 봐 그냥 마을 앞 큰 당산나무* 아래 두었습니다. 그곳은 마을 사람들이 모두 신성하게 여기는 곳이었으니까요.

---

* 당산나무 : 마을의 수호신으로 모셔 제사를 지내는 나무.

"하늘님, 하늘님, 우리 마을에도 우리나라에도 경사로운 일이 일어나게 해 주옵소서. 경사로운 일이 일어나게 해 주옵소서."

할머니는 당산나무 아래서 하늘을 향해 빌었어요. 그때였어요. '쩍' 하고 궤짝이 저절로 열리더니 잘생긴 남자아이가 걸어 나왔습니다. 그뿐만이 아니었어요. 아이를 모시고 온 남녀 종들도 나왔어요. 또 궤짝 안에는 온갖 보물들이 가득했습니다.

할머니는 깜짝 놀랐지만 곧 마음을 진정시키고 사내아이에게 물었습니다.

"너는 누구며, 어디서 왔느냐?"

하지만 아이는 눈만 깜박거리며 아무 말이 없었습니다. 할 수 없이 할머니는 아이를 집으로 데려왔습니다. 그리고 종들과 함께 정성껏 음식을 마련해서 대접했지요. 하지만 다음 날도 그 다음 날도 벙어리처럼 아무 말도 하지 않았습니다. 그렇게 훌쩍 이레가 지나갔습니다.

여드렛날 아침, 아침을 먹은 아이가 할머니를 불렀습니다. 할머니는 깜짝 놀랐어요. 벙어리인 줄 알았던 아이가 말을 했으니까요.

"저는 용성국에서 온 사람입니다. 이웃 나라에서는 우리를 정명국이나 완하국이라고도 부르는데 여기서 천 리나 떨어진 먼 곳입니다.

여러 달을 배에 실려 떠다니다가 여기까지 오게 된 것입니다."

"아니, 아이 혼자 왜 그렇게 먼 길을 온 것이냐?"

할머니가 물었습니다.

"우리나라에는 일찍이 스물여덟 명의 용왕이 있었는데 모두 사람의 태[*]에서 태어났습니다. 대개 다섯 살이나 여섯 살이면 왕위에 올라 백성들을 다스렸습니다. 우리 아버지는 함달파왕이라는 분인데 이웃 적녀국 공주를 왕비로 맞았습니다. 하지만 오랫동안 자식이 없어 걱정이 많았습니다. 그래서 자식을 달라고 하늘과 땅의 여러 신들에게 간절히 기도했습니다.

기도를 올린 지 7년 만에 임신을 하였는데 낳고 보니 큰 알이었습니다. 왕은 깜짝 놀라 신하들을 불러 의논을 한 뒤 결론을 내렸습니다. '사람이 알을 낳는 일은 지금까지 없었던 일이오. 이는 분명 좋은 징조는 아니오.'

왕은 큰 궤짝을 만들어 알을 넣고 일곱 가지 보물과 노비들을 함께 배에 실어 띄워 보내라고 신하들에게 명령을 내렸습니다. 제가 떠나는 날 왕은 이렇게 빌었습니다. '인연이 있는 곳에 이르러

---

*태 : 태반이나 탯줄과 같이 태아를 둘러싸고 있는 여러 조직을 일상적으로 이르는 말.

나라를 세우고 가문을 일으키도록 하소서.' 기도를 마치자 갑자기 어디선가 붉은 용이 나타나 배를 호위*했습니다. 그 용의 인도로 마침내 이곳에 이른 것입니다. 저는 궤짝 안에서 알을 열고 나와 종들에게 제 이야기를 들었습니다. 저는 이 땅에 나라를 세우러 왔습니다."

　아이의 입에서 믿기 어려운 이야기가 흘러나왔지요. 할머니는 이 일을 남해왕에게 알려야 하나 말아야 하나 고민이 되었습니다. 그때 아이가 다시 입을 열었습니다.

　"지금부터 좀 가 볼 데가 있습니다. 높은 곳에 올라가 제가 살 만한 땅을 골라 보겠습니다."

　아진의선 할머니는 큰 지팡이를 끌고 나서는 아이의 모습에 웃음이 나기도 했지만 막을 수는 없었어요. 너무나 당당했기 때문이지요.

　아이는 집을 나와 종 둘을 거느리고 곧장 토함산으로 올라갔습니다. 정상에 올라 사방을 살핀 아이는 종들에게 말했습니다.

　"아직 때가 되지 않았으니 여기 며칠 머물러야겠다. 너희들은

---

* 호위 : 따라다니며 곁에서 보호하고 지킴.

돌을 모아 무덤을 만들도록 하여라."

종들은 영문을 몰랐지만 주인의 말대로 무덤을 지었어요. 돌무덤이 다 만들어지자 아이는 안으로 들어가 문을 닫았습니다. 종들은 주인의 말대로 무덤 밖에서 때를 기다릴 수밖에 없었습니다.

아이는 이레 만에 돌무덤에서 나왔습니다. 아이는 이레 동안 아무것도 먹지 않았는데도 이전보다 몸집도 더 커지고 얼굴은 더 빛이 났어요. 종들은 고개를 갸우뚱거릴 수밖에 없었지요.

"저 초승달처럼 생긴 산봉우리가 보이느냐?"

종들은 아이가 가리키는 쪽을 바라보았어요. 과연 토함산 아래 궁궐 가까운 곳에 초승달처럼 생긴 봉우리가 있었습니다.

"예. 우리 고향 용성국 궁궐 옆에도 저렇게 생긴 산봉우리가 있었사옵니다."

"그래? 바로 저 아래쪽이 우리가 오래 머물러 살 만한 땅이다. 저리 내려가 보자."

그런데 주인을 따라 내려간 두 종은 서로 얼굴을 쳐다보았습니다. 빈 땅이 아니라 이미 큰 집이 자리 잡고 있었기 때문이지요. 큰 집 곁으로는 작은 집들이 이어져 마을을 이루고 있었어요.

"너희들은 저 큰 집으로 가서 누구 댁인지 알아보고 오거라."

주인의 명을 받은 두 종이 달려가 알아보니 그 집은 호공의 집이었습니다. 혁거세왕 때 허리에 박을 차고 바다를 건너왔던 사람들이 이룬 마을이 바로 그곳이었습니다. 그 집에는 혁거세왕의 신하였던 호공은 죽고 그 아들이 살고 있었지요. 아들 역시 호공이라는 이름으로 마을의 촌장이 되어 있었습니다.

아이는 종들에게 다시 명을 내렸습니다.

"너희들은 날이 어두워지면 저 집 담장 밑에 숫돌*하고 숯을 몰래 묻고 오너라. 들키지 않아야 한다. 그리고 아주 오래된 것처럼 보이도록 깊숙이 묻어야 한다. 알겠느냐?"

종들은 주인의 말이나 행동이 갈수록 아리송했지만 큰 뜻이 있을 거라 믿었어요. 종들은 그날 밤 고양이처럼 호공 집 담장으로 다가갔습니다. 그리고 낡은 숫돌과 땅속에 오래 묻혀 있던 숯을 구해 담장 아래 몇 군데를 골라 깊숙이 묻었습니다.

다음 날 아이는 종들을 거느리고 가서 호공 집 대문을 두드렸습니다.

---

* 숫돌 : 칼이나 낫 따위의 연장을 갈아 세우는 데 쓰는 돌.

"어디서 온 누구신지요?"

아이와 마즈 앉은 젊은 호공이 물었습니다. 아이지만 너무 당당했기 때문에 함부로 반말을 하지 못했어요.

"저는 탈해라고 합니다. 제가 본래 알로 태어났는데 알을 깨고 나왔다고 해서 붙여진 이름입니다. 제가 찾아온 까닭은 제 집을 되찾기 위해서입니다."

"집을 되찾다니요?"

"이 집터는 우리 조상이 대대로 살던 곳입니다."

호공은 어이가 없는 듯 잠시 머뭇거리다가 고개를 저으면서 말했습니다.

"말도 안 되는 소리다. 이 땅은 우리 아버지께서 선왕으로부터 하사받은 땅이다. 어린아이라고 봐줬더니 못하는 말이 없구나."

호공이 목청을 높이자 탈해도 물러서지 않았어요.

"본래 우리 땅이니 돌려주시오."

"무슨 헛소리를 하는 게냐!"

호공과 탈해의 말싸움은 금방이라도 칼싸움으로 번질 기세였습니다. 그때 호공이 화를 누그러뜨리며 말했습니다.

"이렇게 해서는 결판이 나지 않겠다. 관가에 가서 따져 보자."

호공은 당연히 자신이 이길 것으로 생각했습니다. 그 땅은 아버지가 혁거세왕으로부터 받은 것이 틀림없었으니까요. 호공은 칼을 쓰지 않고도 간단히 문제를 해결할 수 있는 좋은 생각이라고 쾌재*를 불렀습니다. 탈해의 속임수에 넘어간 줄은 꿈에도 생각하지 못했지요.

두 사람은 그 지역을 책임지고 있던 관리 앞에 섰습니다.

"호공 댁을 너희 집이라고 했다는데 무슨 증거가 있느냐?"

탈해는 허리를 꼿꼿하게 펴고 대답했습니다.

"우리 집은 대대로 이곳에서 대장장이 일을 했사옵니다. 그런데 제 할아버지께서 이웃 지역으로 일을 하러 떠난 뒤 한동안 이 집을 비워 두었다고 하옵니다. 저는 아버지께서 고향에 돌아가 옛집을 찾으라는 유언을 남기셨기에 찾아온 것이옵니다. 못 믿으시겠다면 땅을 한번 파 보시옵소서."

관리는 탈해의 말이 그럴 듯하다고 생각했습니다. 호공도 그러자고 했습니다. 땅속에서 증거가 나올 것이 없다고 믿었으니까요. 그런데 명을 받은 군사들이 여기저기 파 보자 숯이 나오고 숫돌도

---

* 쾌재 : 일 따위가 마음먹은 대로 잘되어 만족스럽게 여김.

나왔습니다. 탈해가 간밤에 몰래 숨겨 두었던 것이지요.

　이제 호공은 어쩔 수가 없었습니다. 관리에게 하소연을 해 보았지만 관리도 탈해를 더 믿는 눈치였어요. 오히려 호공에게 이번 기회에 다른 곳으로 이사 가서 새로 마을을 만들어 보라고 권유했어요. 결국 호공은 쫓겨나고 탈해는 그 집을 차지해 살게 되었습니다.

　탈해가 호공의 집을 빼앗았다는 소문이 입을 타고 온 나라로 퍼졌습니다. 사람들은 모이기만 하면 그 이야기를 했지요. 어떤 사람은 탈해가 속임수를 썼다며 욕을 했고, 어떤 사람은 지혜가 있는 사람이라고 칭찬했어요. 소문은 궁궐까지 흘러 들어가 드디어 남해왕의 귀에도 들어갔지요.

　남해왕은 대대로 충신이던 호공이 살던 곳을 빼앗긴 일로 몹시 마음이 아팠습니다. 그래서 새로 옮긴 곳에서 호공 일가가 편안히 살 수 있도록 필요한 것이 있으면 도와주라고 신하들에게 단단히 일렀어요. 그러면서도 한편으로는 탈해라는 아이에게 마음이 끌렸습니다.

　'그런 지혜가 있는 아이라면 나라의 좋은 재목감*이 아닌가?'

---

* 재목감 : 어떤 일을 할 수 있는 능력을 가졌거나 어떤 직위에 합당한 인물.

속으로는 이런 생각을 했지요.

시간이 지난 뒤 남해왕은 탈해를 궁궐로 불렀습니다. 이런저런 말을 붙여 보니 과연 지혜로운 사람이었습니다. 뿐만 아니라 이미 그때 탈해는 보통 사람보다 몸집이 배나 큰 장수로 자라 있었어요. 남해왕은 곧바로 자신의 맏딸과 탈해를 결혼시켰습니다. 나중에 아니부인이라고 불린 분이지요. 그리고 탈해에게 석이라는 성도 주었습니다. "옛날 우리 집이오."라고 하여 호공의 집을 차지했다는 뜻에서 옛 석(昔) 자를 성으로 삼은 것이지요.

한번은 이런 일이 있었습니다. 탈해는 가끔씩 동악, 곧 토함산에 올라가 자신이 머물던 무덤에 갔다가 내려오곤 했어요. 그날도 동악에서 돌아오는 길이었는데 목이 마르다며 심부름꾼에게 물을 길어 오라고 시켰지요. 이 심부름꾼이 물을 길어 오다가 목이 말랐던지 한 모금 살짝 마시려고 했어요. 그런데 그 순간 입술이 그릇에 쩍 달라붙고 말았습니다.

그 모양으로 돌아온 심부름꾼은 탈해 앞에서 떠듬거리며 맹세를 했지요.

"다음부터는 아무리 목이 말라도 절대로 먼저 물을 마시지 않겠사옵니다."

그제야 심부름꾼의 입술에서 그릇이 떨어졌어요. 그 뒤로는 누구도 탈해를 속이려고 하지 않았습니다. 이런 일이 하나둘 생기자 왕의 맏사위인 탈해가 지혜가 있는데다가 신통력까지 있는 인물이라는 소문이 온 나라에 퍼져 나갔습니다.

그 뒤 남해왕의 아들 노례왕이 나라를 다스리다가 죽었는데 왕위를 이을 후손이 없었습니다. 왕위는 바로 석탈해에게 전해졌어요. 신하들도 백성들도 탈해가 사로국의 네 번째 왕이 될 분이라고 믿고 있었으니까요. 그때가 서기 57년 6월 여름이었습니다.

알에서 나온 김알지, 동악신이 된 석탈해

왕위에 오른 탈해는 호공을 신하로 불러들였습니다. 비록 자신의 꾀에 걸리기는 했지만 순순히 집을 내주고 이사를 간 호공의 넓은 마음씨가 마음에 남아 있었기 때문이지요. 그런 호공이라면 혁거세왕, 남해왕 때의 호공만큼이나 어진 관리가 될 것 같았습니다. 왕의 명을 받고 궁궐에 들어간 호공은 기대대로 맡은 일을 잘 해냈습니다.

서기 60년 8월 4일의 일입니다. 그날도 호공은 나랏일 때문에 밤늦게 월성 서쪽 마을로 가고 있었어요. 그런데 갑자기 앞쪽에 있는 숲이 환하게 빛을 내고 있는 모습이 보였지요. 자세히 보니 자줏빛 구름이 무지개처럼 하늘에서 땅으로 내려오고 있었습니다.

'무슨 일일까? 듣기로는 혁거세왕이 태어날 때도 저런 빛이 났다는데……'

이런 생각을 하며 급히 달려갔습니다.

숲으로 들어가 보니 구름으로 휩싸인 나뭇가지에 황금으로 만든 궤가 걸려 있었어요. 환한 빛은 그 궤 안에서 흘러나오고 있었지요. 그리고 나무 밑에서는 흰 닭 한 마리가 울고 있었습니다. 마치 새벽닭처럼 무슨 일이 일어났다고 알리는 듯했어요.

호공은 바로 발길을 돌려 탈해왕에게 달려갔습니다.

"마마, 시림에 신비한 일이 일어났사옵니다. 처음 보는 금궤 안에서 빛이 나오고 흰 닭도 울고 있사옵니다."

보고를 들은 탈해왕은 서둘러 시림으로 말을 달렸습니다. 정말 금궤가 나무에 걸려 있었습니다.

"여봐라. 어서 끌어 내려라."

군사들이 나무에 올라가 줄을 매 조심조심 금궤를 끌어 내려

탈해왕 앞에 들고 왔습니다. 왕은 긴장된 마음으로 조심스레 궤를 열어 보았지요. 그때 왕은 흠칫 놀라 자신도 모르게 몸을 일으켰어요. 처음 보는 사내아이가 누워 있다가 눈을 활짝 떴으니까요. 아이는 곧 벌떡 일어나 신기하다는 듯 주위를 둘러보았습니다.

"마마, 듣기로는 혁거세왕 때도 이와 비슷한 일이 있었다고 하옵니다."

호공이 아이를 보며 말했습니다.

"나도 들은 바가 있소. 그렇다면 이 아이는 하늘이 우리나라에 보낸 귀한 선물이 아니겠소."

탈해왕이 아이를 안아서 들어 올리자 곁에 있던 신하들이 한목소리로 축하를 했습니다.

"나라의 큰 경사이옵니다. 마마, 축하드리옵니다."

신하들이 박수를 치면서 즐거워할 즈음, 시림에 드리워져 있던 자줏빛 구름이 걷히기 시작했습니다. 흰 닭도 제 일을 다 했다는 듯이 구름을 타고 하늘로 날아올랐습니다.

탈해왕은 아이를 안고 말 위에 올랐습니다. 그때 어디서 왔는지 온갖 새들이 몰려와 숲에서 지저귀기 시작했어요. 노루와 토끼, 곰 같은 짐승들도 몰려와 축하 공연이라도 하듯이 춤을 추었지요.

새들과 짐승들의 축하는 아이가 궁궐로 들어갈 때까지 계속되었어요. 혁거세왕이 태어날 때와 너무도 비슷했습니다.

 탈해왕은 아이 이름을 알지라고 지었습니다. 알지는 서라벌 말로 아이라는 뜻이었어요. 금궤에서 나왔다고 해서 성은 김(金)씨로 정했습니다. 김알지가 나타난 시림도 흰 닭이 울었다고 해서 계림으로 이름을 고쳐 불렀지요. 그 뒤로 김알지는 궁궐에서 왕자처럼 자랐습니다.

 탈해왕은 총명할 뿐만 아니라 성품이 어진 알지를 몹시 아꼈습니다. 그래서 왕위를 잇게 하려고 알지를 태자로 삼았어요. 탈해왕은 자식이 없었으니까요. 물론 혁거세왕의 후손들 가운데에서 찾을 수도 있었지만, 탈해왕은 하늘에서 보낸 알지를 누구보다 귀하게 여겼습니다.

 탈해가 왕위에 오른 지 24년째 되던 해였습니다. 지난해 갑자기 동쪽과 북쪽 하늘에 혜성이 나타나 20여 일을 머문 일이 있어 신하들이 불안해하고 있었습니다. 해가 바뀌고 봄이 되자 불길한 징조들이 여기저기서 보였어요. 여름에는 서라벌에 태풍이 불어 많은 사람들이 다치더니 갑자기 궁궐 동문이 저절로 무너져 내렸지요.

천문 관측을 맡은 일관이 다른 신하들에게 말했습니다.

"아무래도 왕께서 돌아가실 모양입니다. 준비들 하셔야겠습니다."

가을 바람이 선선히 불던 어느 날 탈해왕은 세상을 떠났습니다. 먼 용성국에서 바다를 건너와 사로국의 왕이 되고 석씨 일가를 이루었으니 아버지 함달파왕의 소원이 이뤄진 것이지요. 성대한 장례식을 치른 뒤 탈해왕의 시신은 소천 언덕에 마련된 능 안에 모셔졌습니다.

그 뒤 오랜 세월이 흘렀습니다. 전하는 이야기에 따르면 태종 무열왕이 자다가 꿈을 꾸었는데 어떤 노인이 몹시 사나운 얼굴로 나타나 이런 말을 했다고 합니다.

"나는 탈해왕이다. 소천 언덕에서 내 뼈를 파내 소상*을 만들어 이 나라의 동악 토함산에 안치*하도록 하여라."

잠에서 깬 무열왕은 서둘러 탈해왕의 유골을 수습하라는 명을 내렸습니다. 유골이 다 수습되었다는 보고를 받고 소천 언덕에 가 보니 보통 사람의 유골이 아니었습니다. 머리뼈의 둘레가 세 자 두

* 소상 : 찰흙으로 만든 형상.
* 안치 : 상, 위패, 시신 따위를 잘 모셔 둠.

치, 머리부터 발까지 길이가 아홉 자 일곱 치나 되었지요. 게다가 이는 하나처럼 뭉쳐져 있었고 뼈마디 하나하나가 다 이어져 있는 것이 소문대로 천하에 둘도 없는 역사*의 골격이었어요.

"저 뼈를 그대로 살려 소상을 만들도록 하라. 이는 신의 명령이다."

왕의 명을 받은 신하들은 나라 안에서 가장 솜씨 좋은 장인을 불러 일을 맡겼습니다.

한 달여 뒤 소상이 완성되었습니다. 불상만큼이나 큰 소상이었는데 생전의 탈해왕과 아주 닮은 모습이었지요. 무열왕은 이 소상을 옛날 탈해가 드나들던 토함산 꼭대기 돌무덤 안에 모시고 제사를 올렸습니다.

그날 밤 무열왕의 꿈에 다시 탈해왕이 나타났습니다.

"내 소원이 이루어졌노라. 나는 이제부터 이 나라를 지키는 신이 될 것이다. 또 그대가 뜻을 이루도록 도울 것이다."

"감사하옵니다. 앞으로 해마다 제사를 그치지 않겠사옵니다."

머리를 조아리고 절을 하는 사이 무열왕은 꿈에서 깨어났습니다.

* 역사 : 뛰어나게 힘이 센 사람.

무열왕은 탈해왕을 동악 신으로 모시고 꿈에서 한 약속대로 해마다 성대한 제사를 올렸습니다. 그리고 이 제사는 나라가 계속되는 동안 끊어지지 않았습니다.

탈해왕이 돌아가자 유리왕의 둘째 아들 파사가 왕위를 이었습니다. 유리왕은 남해왕의 태자였는데 탈해에게 왕위를 양보하려고 했어요. 서로 다투다가 떡을 깨물어 이가 더 많은 유리 태자가 왕위를 이었던 것이지요.

유리왕이 그랬던 것처럼 김알지도 한사코 태자 자리를 파사에게 양보했어요. 그래서 파사가 김알지의 태자 자리를 이어받았고, 탈해왕이 죽자 왕위를 계승한 것이지요.

태자 자리를 양보한 김알지는 궁궐을 나와 조용히 살면서 아들 열한을 낳았습니다. 이 열한이 아도를 낳고, 아도가 수류를 낳고, 수류가 욱부를 낳고, 욱부가 구도를 낳고, 구도가 미추를 낳았지요. 박혁거세와 석탈해의 후손들이 번갈아 왕위를 잇는 동안 김알지의 후손들은 궁궐 밖에 있었습니다.

그런데 아버지 김구도와 어머니 박씨 사이에서 아들 미추가 태어난 것이지요. 미추는 나중에 석씨인 조분왕의 딸 광명부인과 결혼했어요. 조분왕의 사위가 된 것이지요. 조분왕이 18년 동안

왕위에 있다가 죽은 뒤 동생 점해가 왕위를 이었는데 점해왕은 갑자기 병이 들어 15년 만에 세상을 떠났습니다. 그래서 미추가 점해왕의 뒤를 이어 사로국, 곧 신라의 열세 번째 왕이 되었지요. 하늘이 알지를 보낸 뜻이 알지의 6대손 미추왕을 통해 마침내 이루어진 것입니다.

사로국은 하늘님이 보낸 박혁거세, 석탈해, 김알지 세 분이 세운 나라였습니다. 세 성인만이 아니라 여섯 마을의 촌장들이 한마음으로 이룬 나라였지요. 신라는 세 성씨의 후손들이 서로 혼인하여 왕족을 이루고 번갈아 왕이 되어 나라를 다스렸지만 세 성인의 성스럽고 덕스러운 마음도, 여섯 촌장들의 합심하던 마음도 잊지 않았습니다. 그 덕분일까요? 신라의 역사는 992년 동안이나 이어졌습니다.

해설

세 성씨가 세운 나라

　우리나라 건국신화는 남과 북이 조금 다릅니다. 고조선, 고구려와 신라, 가야의 건국신화가 다르다는 뜻이지요. 가장 큰 차이는 건국 영웅이 태어나는 모습입니다. 고조선이나 고구려의 단군과 주몽은 하늘과 땅의 만남으로 태어납니다. 단군이나 주몽은 천신의 아들이 땅에 내려와 땅에 속한 웅녀나 유화와 결혼해서 낳은 인물입니다. 그런데 신라의 혁거세와 가야의 수로는 하늘에서 내려온 알에서 나옵니다. 나온 다음 알영, 허황옥과 각각 결혼을 하지요. 왜 이런 차이가 생겨났을까요?

　대답하기가 쉽지 않은 물음입니다만 나라를 세우는 방법에 대해 생각해 볼 필요가 있습니다. 신라에는 서로 성이 다른 여섯 부족이 있었지요. 신화에 나타난 대로 이들 여섯 부족은 서로 다투지 않고 힘을 합쳐 나라를 세웁니다. 이럴 경우 힘이 센 부족들끼리만 결혼을 하면 곤란하겠지요. 다른 부족이 따돌림을 당하게 되니까요. 그래서 하늘에서 나라를 세울 주인공이 결혼 없이 먼저 내려온 것이지요. 가야의 경우도 이와 비슷했을 것으로 생각합니다.

신라 건국신화에는 몇 가지 특징이 있습니다.

신라 건국신화에는 이상하게도 세 명의 주인공이 등장합니다. 물론 제일 두드러진 신화는 혁거세에 대한 것이지만 탈해나 알지도 빠뜨릴 수 없습니다. 세 주인공은 하늘에서 내려오거나 바다를 건너와 박, 석, 김씨의 시조가 되지요. 실제 신라의 왕통을 보면 초기에는 박씨가 왕이 되거나 석씨가 왕을 하다가, 13대 미추왕 때부터는 김씨도 왕위에 오릅니다. 아마도 이들 세 성씨가 왕이 되어 자신들의 시조를 하늘이 보낸 신성한 인물로 서로 찬양하면서 혁거세, 탈해, 알지의 신화가 만들어졌을 것입니다. 그래서 세 성씨의 신화가 신라 건국신화로 『삼국유사』에 함께 기록되어 있는 것이지요.

신라 건국신화의 또 하나의 특징은 하늘로 올라간 혁거세의 몸이 다섯 동강이 난 채 땅으로 던져진다는 것입니다. 단군이 산신이 되고, 주몽이 승천하는 데 비하면 좀 괴상한 사건이지요. 하지만 여기에는 깊은 신화적 뜻이 있습니다. 사물의 기원 신화를 보면 신의 죽은 몸에서 곡물이나 식물이 만들어지는 경우가 많아요. 혁거세왕의 몸도 이런 것이라고 생각했어요. 그래서 하늘님이 혁거세왕을 농사 신이 되라고 땅으로 돌려보냈다고 해석했지요. 아마도 책을 읽다 보면 그 까닭을 잘 이해할 수 있을 것입니다.

그런데 이 책에는 신라 건국신화의 미스터리 가운데 하나인 호공 이야기가 길게 들어가 있습니다. 『삼국유사』나 『삼국사기』에는 호공이 바다를 건너온 왜인이고, 허리에 박을 차고 와서 호공이라는 이름을 얻은 이야기, 혁거세왕의 사신으로 마한에 간 사실, 또는 알지의 발견자, 그리고 탈해에게 집을 빼앗긴 인물로 짤막하게 소개되어 있지요. 여러 번 등장하지만 자세한 이야기가 없는 미궁 속의 인물입니다.

이런 호공을 이 책에서는 자세히 그렸어요. 전쟁을 피해 바다를 건너온 이야기, 박을 조상신으로 모시고 허리에 차고 바다에 나가는 호공 부족의 이야기, 혁거서왕이나 남해왕의 지혜로운 신하가 된 이야기 속에서 호공을 생생한 인물로 되살려 냈습니다. 사실 호공과 호공 부족은 탈해나 알지의 부족보다 먼저 경주 지역에 터를 잡고 살던 사람들이었고, 혁거세가 사로국, 곧 신라를 세울 때 중요한 일을 했던 이들이었을 겁니다. 하지만 신라 건국신화가 세 성씨를 중심으로 만들어지면서 호공은 주연이 아닌 조연으로 나타났던 것이지요. 이 책을 읽어 보면 알겠지만 호공은 빛나는 조연이었습니다. 나라를 세우는 데는 주연만이 아니라 조연도 중요한 것이지요.

  신라 건국신화는 여섯 부족이 뜻을 모아 나라를 세우고, 세 성씨가 번갈아 왕이 되었다고 이야기하고 있습니다. 나라를 세우고 다스리는 데는 힘이 중요하지요. 그러나 나라는 힘만으로 다스려지는 것은 아닙니다. 뜻이 다르고, 피도 다른 사람들끼리 상의하고, 협조해야 합니다. 그래야 백성들의 마음을 얻을 수가 있지요. 신라 건국신화를 읽으면서 이야기 사이에 숨어 있는 이런 뜻을 잘 되새겨 보기 바랍니다.

조현설(서울대학교 국어국문학과 교수)

상상력의 보물창고 한겨레 옛이야기

세상이 처음 생겨난 이야기 · 신화편
1. 창조의 신 소별왕 대별왕　신동흔 글 · 오승민 그림
2. 영혼의 수호신 바리공주　백승남 글 · 류준화 그림
3. 농사와 사랑의 여신 자청비　임정자 글 · 최현묵 그림
4. 사계절의 신 오늘이　유영소 글 · 한태희 그림
5. 염라국 저승사자 강림도령　송언 글 · 정문주 그림

조선을 사로잡은 영웅들의 이야기 · 인물편
6. 조선의 여걸 박씨부인　정출헌 글 · 조혜란 그림
7. 아기장수 우뚜리　송언 글 · 정성화 그림
8. 박지원의 친구들　장주식 글 · 노을진 그림
9. 암행어사 박문수　박현숙 글 · 윤정주 그림
10. 조선의 영웅 김덕령　신동흔 글 · 김용철 그림

우리 산천에 얽힌 재미난 이야기 · 전설편
11. 다자구야 들자구야 할머니　송언 글 · 조혜란 그림
12. 백두산 천지가 생겨난 이야기　박상률 글 · 이광익 그림
13. 꽃들이 들려주는 옛이야기　송언 글 · 이영경 그림
14. 선비 뱃속으로 들어간 구렁이　최성수 글 · 윤정주 그림
15. 울지 마, 울산바위야　조호상 글 · 이은천 그림

이야기로 엿보는 조상들의 꿈과 희망 · 민담편
16. 돌이 어쩌구 개구리 저쩌구　박상률 글 · 송진희 그림
17. 누군 누구야 도깨비지　조호상 글 · 정병식 그림
18. 사마장자 우마장자　송언 글 · 박철민 그림
19. 구렁덩덩 뱀신랑　원유순 글 · 이광익 그림
20. 방귀쟁이 며느리　최성수 글 · 홍선주 그림

변하지 않는 고전의 그윽한 향기 · 고전소설편
21. 허생전　장주식 글 · 조혜란 그림
22. 춘향전　신동흔 글 · 노을진 그림
23. 이생규장전　백승남 글 · 한성옥 그림
24. 전우치전　송재찬 글 · 신혜원 그림
25. 금방울전　임정자 글 · 양상용 그림
26. 장화홍련전　김회경 글 · 김윤주 그림
27. 심청전　김예선 글 · 정승희 그림
28. 토끼전　장주식 글 · 김용철 그림
29. 한중록　임정진 글 · 권문희 그림
30. 구운몽　신동흔 글 · 김종민 그림